AF359346

ROLAND,
TRAGEDIE.
REPRESENTE'E
PAR LE NOUVEL ETABLISSEMENT
DE L'ACADEMIE ROYALE
DE MUSIQUE, DE LYON,

En Février & Mars 1740.

Le prix est de douze sols.

De l'Imprimerie d'AYMÉ DE LAROCHE,
seul Imprimeur ordinaire de MONSEIGNEUR
LE DUC DE VILLEROY, & de la Ville.

Aux dépens de l'Académie Royale de Musique.

M. DCC. XL.

Avec Approbation & Privilege du Roy.

ACTEURS
DU PROLOGUE.

DEMOGORGON, *Roy des Fées*, Mr. Deville.
PREMIERE FÉE, Mlle. Marielle.
Chœur des Fées.
Chœur des Génies.

DIVERTISSEMENT
DU PROLOGUE.

TROUPES DE FÉES ET DE GENIES.

Acteurs & Actrices Chantants dans tous les Chœurs du Prologue & de la Tragedie.

Côté de M. le DUC.

Mesdemoiselles

Forestier.
Laforest.
Martiniere.
Fabre.

Messieurs.

Gavaudan.
Jacquemin.
Levieux.
Poncin.
Prud'homme.
Letourneur.
Martin.
Dupont.

Côté de M. l'Intendant.

Mesdemoiselles

Dubois.
Gibassier.
Paguan.
Letourneur.

Messieurs

Valancié.
Colesse.
Hequier.
Lemyre.
Viliers.
Premia.
Drougeons.
Moussa.
Pipet.

Acteurs & Actrices dansants.

Messieurs

Maisoncelle, premier Danseur,
    & Maître des Ballets.

Denys.
Montservin.
Boyer.
Deloule.
Dupray.
Afselin.
Garnier.

Mesdemoiselles.

Leclair,
Cochois.

} *Premieres*
} *Danseuses.*

Depuvignée.
Maisoncelle.
Binet.
Lebret.
Martin.
Bouquet.
Hiacinthe.

PROLOGUE.

Le Théâtre repréſente le Palais de Démogorgon.

*Démogorgon eſt ſur ſon Thrône , accompagné d'une Troupe de Génies ,
& d'une Troupe de Fées.*

DÉMOGORGON.

L E Ciel qui m'a fait vôtre Roy ,
    Dans vôtre deſtin m'intéreſſe.
Je vous aſſemble ici pour calmer vôtre effroy
Il eſt temps que les Jeux chaſſent vôtre triſteſſ ;

La paix fuyoit au bruit des terribles combats ,
Mais la voix du Vainqueur les rapelle ici _ bas.
La Guerre impitoyable , & ſes fureurs affreuſes ,
Ne ravageront point vos retraites heureuſes.
    Tout céde au plus grand des Héros ,
  En vain l'envie & la Rage s'aſſemblent ,
  Il ne punit ſes ennemis qui tremblent ,
    Qu'en les condamnant au repos.

DE'MOGORGON, LA PREMIERE FE'E.
& les Chœurs des Génies & des Fées.

On n'entend plus le bruit des armes.
Doux plaisirs, reprenez vos charmes,
Jeux innocens, venez vous rassembler ;
Rien ne vous peut troubler.

Les Fées témoignent leur joye en dansant & en chantant.

LE CHOEUR DES FEES.

Que la Guerre est effroyable !
Quel bien est plus doux que la Paix ?
Peut-on trop chérir ses attraits ?
Que son régne est aimable !
Qu'il dure à jamais.
Nous n'aurons que de beaux jours,
Que de Jeux vont paroître !
Que nous verrons naître
De tendres Amours !
Tout rit, tout enchante.
Chantons la Paix charmante ;
Chantons le sort heureux
Qui va combler nos vœux.

Chantons la Paix charmante
Chantons le Sort heureux
Qui va combler nos vœux.

On danse.

LA PREMIERE FE'E.

Au milieu d'une paix profonde,
Offrons des Jeux nouveaux au Héros glorieux.

Qui prend foin du bonheur du Monde.
Allons nous transformer pour paroître à fes yeux.

D E M O G O R G O N.

Du célébre Roland rénouvéllons l'Hiftoire.
La France luy donna le jour.
Montrons les erreurs où l'Amour
Peut engager un Cœur qui néglige la Gloire.

DEMOGORGON & LA PREMIERE FE'E.

Allons faire entendre nos voix
Sur les bords heureux de la Seine,
Allons faire entendre nos voix
Au Vainqueur dont tout fuit les loix.

D E M O G O R G O N.

Il avoit mis aux fers la Difcorde inhumaine;
En vain elle a rompu fa chaîne,
Il l'enchaîne encore une fois.

DEMOGORGON, LA PREMIERE FE'E;
& les Chœurs.

Allons faire entendre nos voix
Sur les Bords heureux de la Seine,
Allons faire entendre nos voix
Au Vainqueur dont tout fuit les loix.

On danfe.

Une Fée chante , & les Chœurs des Génies & des Fées luy répondent.

C'eft l'Amour qui nous menace;
Que de Cœurs font en danger !

Quelques maux que l'Amour faſſe,
On ne peut s'en dégage.
Il revient quand on le chaſſe,
Il ſe plaît à ſe vanger.
C'eſt l'Amour qui nous menace ;
Que de Cœurs ſont en danger !

DEMOGORGON, LA PREMIERE FE'E, & les Chœurs des Génies & des Fées, chantent enſemble.

Le Vainqueur a contraint la Guerre
D'éteindre ſon flambeau.
Il rend le repos à la Terre,
Quel Triomphe eſt plus beau !

FIN DU PROLOGUE.

DIVERTISSEMENS
DE LA TRAGEDIE.

PREMIER ACTE.
FAUNES ET MAURES.

SECOND ACTE.
NYMPHES DE L'AMOUR.

TROISIE'ME ACTE.
LES PEUPLES DE CATAY.

QUATRIE'ME ACTE.
BERGERS ET BERGERES.

CINQUIE'ME ACTE.
TROUPES DE FÉES ET D'OMBRES.

C

ACTEURS DE LA TRAGEDIE.

ANGELIQUE, *Reine de Catay* , Mme. Blanc.
ATEMIRE , *Confidente d'Angelique*, Mlle. Marielle.
SUIVANTS & SUIVANTES d'Angelique.

MEDOR, *Suivant d'un des Rois Afriquains*, M^r. Forestier.

ZILIANTE , *Prince des Isles Orientales* , M^r. Deville.
Troupe d'Insulaires de la Suite de Ziliante.

ROLAND , *Neveu de Charlemagne* , M^r. Defontenay
*Troupes d'Amours , de Sirènes , de Dieux de Fleuves ,
de Silvains , d'Amants & d'Amantes enchantés ,
de Peuples de Catay , Sujets d'Angélique.*

ASTOLFE , *Amy de Roland ,* M^r. Philippe.

CORIDON, *Berger , Amant de Bélise* , M^r. Besson.

BELISE , *Bergère , Amante de Coridon.* Mlle. Marielle.

TERSANDRE , *Berger , Pere de Bélise.* M^r. Forestier.
Troupe de Bergers & de Bergères.

LOGISTILLE , *l'une des plus puissantes Fées , &
celle qui a la Sagesse en partage.*
Troupe de Fées de la Suite de Logistille.
Troupe d'Ombres d'anciens Héros.

LA GLOIRE.
Suite de la Gloire.

LA TERREUR.

LA RENOMME'E.

ROLAND,
TRAGEDIE.

ACTE PREMIER.

Le Théâtre repréſente un Hameau.

SCENE PREMIERE.
ANGELIQUE.

AH ! que mon cœur eſt agité !
L'Amour y combat la Fierté,
Je ne ſçay qui des deux l'emporte ;
Quelquefois la Fierté demeure la plus forte,

Quelquefois l'Amour est vainqueur ;
De moment en moment une guerre mortelle
Dans mon ame se renouvelle.
Quel trouble ! helas ! quelle rigueur *!*
Funeste Amour, Fierté cruelle,
Ne cesserez-vous point de déchirer mon cœur ?

S C E N E II.

ANGELIQUE, TEMIRE.

T E M I R E.

VOus avez peu d'impatience
De voir le riche don qu'on va vous présenter.
C'est un prix que Roland vous a fait apporter
Des Rivages lointains où le Jour prend naissance.
Pour vous par mille exploits il a sçû l'acheter,
Serez-vous sans reconnoissance ?
Faut-il que tant d'amour ne puisse mériter
Qu'une éternelle indifférence ?

A N G E L I Q U E.

L'invincible Roland n'a que trop fait pour moy,
Fais-moy ressouvenir de ce que je luy dois.

T E M I R E.

Pourriez-vous oublier l'ardeur dont il vous aime ?
ANGELIQUE.

ANGELIQUE.

Je fonge, autant que je le puis,
A fa rare Valeur, à fon amour extrême:
Mais malgré tous mes foins dans le trouble où je
  fuis,
Je crains de m'oublier moi-même.

Je crains que ma fierté ne fuccombe en ce jour.

TEMIRE.

Aimez Roland à vôtre tour,
Il n'eft point de Climats où fa gloire ne vole.
Du moins la Fierté fe confole
Quand la Gloire l'oblige à céder à l'Amour.

Roland renverfe tout par l'effort de fes armes,
Son bras fçait affermir un Trône chancelant...

ANGELIQUE.

Hélas ! hélas ! que Medor a de charmes !
Ah ! que n'a-t-il la gloire de Roland !

TEMIRE.
Medor !
ANGELIQUE.

Ma foibleffe t'étonne.
Ne me déguife rien, parle, je te l'ordonne,
Repréfente à mon cœur la honte de fon choix.

TEMIRE.

Medor d'un fang obfcur a reçû la lumière.

D

Pourroit-il être aimé d'une Reine si fière ?
     D'une Reine qui sous ses loix
Ne voit qu'avec mépris les Héros & les Rois ?

A N G E L I Q U E.

Mon cœur étoit tranquille, & croyoit toûjours l'être,
Quand je trouvai Medor, blessé, prest de mourir :
     La pitié dans ce lieu champêtre
     M'arrêta pour le secourir.
Le prix de mon secours est le mal que j'endure ;
La pitié pour Medor a sçû trop m'attendrir.
Ma funeste langueur s'augmentoit à mesure
     Qu'il guérissoit de sa blessure,
Et je suis en danger de ne jamais guérir.

T E M I R E.

Eloignez de vos yeux ce qui peut trop vous plaire.

A N G E L I Q U E.

Ma gloire le demande, il faut la satisfaire :
Il faut bannir Medor… bannir Medor ? hélas !
     C'est me condamner au trépas.
Il n'importe, il le faut, qu'il parte, qu'il me quitte.

Elle apperçoit Medor.

Il rêve, il tourne icy ses pas.
     Que je suis interdite !
Ne m'abandonne pas.

Angelique & Temire se retirent.

S C E N E I I I.

M E D O R.

AH ! quel tourment
De garder, en aimant,
Un éternel silence !
Ah ! quel tourment
D'aimer sans espérance !
J'aime une Reine, hélas ! par quel enchantement
Ay-je oublié son rang & ma naissance,
Et combien entre nous le Sort met de distance ?
Malheureux que je suis, j'aime un Objet charmant
Que tant de Rois ont aimé vainement !
Je dois cacher un amour qui l'offense ;
Il faut me faire à tout moment
Une cruelle violence.

Ah ! quel tourment
De garder, en aimant,
Un éternel silence !
Ah ! quel tourment
D'aimer sans espérance !

S C E N E I V.

MEDOR , ANGELIQUE , TEMIRE.

MEDOR.

DE la part de Roland , on vient jufqu'en ces lieux
　　　　Vous offrir un don précieux.
Il vous aime , il vous fert , fon amour peut paroître,
Et tout abfent qu'il eft , il vous le fait connoître :
Ses travaux , quels qu'ils foient , font trop récompenfés ,
O trop heureux Roland !

ANGELIQUE.

　　　　　Roland fera peut-être
　　Moins heureux que vous ne penfez.
Plus fon amour éclate , & plus il m'importune ,
　　　J'ay honte de luy trop devoir.
　　Non , n'enviez point fa fortune.

MEDOR.

Il eft vray qu'il n'a pas le plaifir de vous voir.

ANGELIQUE.

Je le fuis , & fans luy déformais je n'afpire
　　　Qu'à retourner dans mon Empire.
　　Enfin , Medor , enfin , je veux fçavoir
　　Si j'ay fur vous un abfolu pouvoir.

MEDOR.

MEDOR.

Vous êtes de mon fort Maîtreffe fouveraine.
Je fervois un grand Roy, j'avois fuivi fes pas
Des rivages du Nil jufqu'aux bords de la Seine.
Il eft mort en cherchant la Gloire & les Combats ;
Sans vous j'allois le fuivre au-delà du Trépas.

Vous fervir eft ma feule envie,
J'en fais mon efpoir le plus doux ;
Vous m'avez confervé la vie,
Heureux fi je la pers pour vous *!*

ANGELIQUE.

Medor, vous avez lieu de croire
Que je m'intéreffe en vos jours :
J'en ay pris foin, le Ciel a béni mon fecours,
A la fin il eft temps d'avoir foin de ma gloire.
Par pitié, près de vous, j'ay voulu demeurer,
Tandis que mon fecours vous étoit néceffaire :
Ma pitié n'a plus rien à faire,
Il eft temps de nous féparer.
Partez Medor.

MEDOR.

O Ciel !

ANGELIQUE.

Partez fans différer.

MEDOR.

Helas ! ay-je pû vous déplaire ?

E

ANGELIQUE.

Non, non, je n'ay point de colère....
Laiſſons des diſcours ſuperflus.
Partez.

MEDOR.

Je ne vous verray plus !

ANGELIQUE.

Choiſiſſez où vous voulez vivre,
Je prendray ſoin de vôtre ſort.

MEDOR.

Vous me défendez de vous ſuivre,
Je ne veux chercher que la mort.

ANGELIQUE.

Vivez, conſervez mon ouvrage;
Songez que c'eſt me faire outrage
De voir vos jours avec mépris,
Après le ſoin que j'en ay pris.

MEDOR.

Vous voulez que je vive, & votre arrêt me chaſſe,
Mes jours à vous ſervir ne ſont pas reſervés.
        Eh ! que voulez-vous que je faſſe
De ces jours malheureux que vous m'avez ſauvés ?

ANGELIQUE.

Puiſſiez-vous loin de moy jouïr d'un ſort paiſible,

MEDOR.

Loin de vous ! Ciel ! est-il possible ?
Ah ! falloit-il me secourir ?
Que ne me laissiez-vous mourir ?

ANGELIQUE.

Terminons des regrets qui pourroient trop s'étendre :
Ne me dites plus rien, je ne veux rien entendre.
Il est temps de nous séparer ;
Partez Medor.

MEDOR.

O Ciel !

ANGELIQUE.

Partez sans différer.

SCENE V.

ANGELIQUE, TEMIRE.

ANGELIQUE.

JE ne verray plus ce que j'aime.
Conçois-tu bien l'effort extrême
Que pour bannir Medor je me fais aujourd'huy ?
Il part désespéré, tu vois où je l'expose :
Il va mourir, j'en suis la cause,
Je mourray bien-tôt après luy.

Non, un trop tendre amour dans ses jours m'intéresse.
Non, qu'il ne parte point, allons le rappeller....
Infortunée ! où veux-je aller ?
Je vais trahir ma gloire, & montrer ma foiblesse.
Ciel ! quel est mon malheur !
S'il faut que l'amour me surmonte,
Je dois mourir de honte ;
S'il faut l'arracher de mon cœur,
Je mourray de douleur.

T E M I R E.

Le secours de l'absence
Est un puissant secours.
C'est l'unique espérance
Des cœurs qui veulent fuir les funestes amours.

A N G E L I Q U E.

Le secours de l'absence
Est un cruel secours.
Ah ! quelle violence
De fuir incessamment ce qui charme toûjours.

E N S E M B L E.

Le secours de l'absence

T E M I R E.
ANGELIQUE. } Est un { puissant cruel } secours.

A N G E L I Q U E.

Quoi ! Medor pour jamais d'avec moy se sépare !
Devois-tu m'inspirer un dessein si barbare ?
Temire, j'ay suivi tes conseils rigoureux.

Fais

Fais revenir Medor ; que rien ne te retienne,
Va, cours.. Mais s'il revient... n'importe, qu'il revienne...
Attends ... Je veux ... helas *!* fçai-je ce que je veux ?

TEMIRE.

Voyez ces Etrangers , contraignez-vous pour eux.

ANGELIQUE.

Ne puis-je en liberté foûpirer & me plaindre ?
Faudra-t'il toûjours me contraindre ?
Sans Medor , tout me femble affreux.
Va le voir , & du moins confole un Malheureux.

S C E N E VI.

ZILIANTE, *Troupe d'Infulaires Orientaux.*

On danfe.

ZILIANTE, préfentant un Braffelet à Angelique.

AU généreux Roland je dois ma délivrance ;
D'un charme affreux fa Valeur m'a fauvé ;
Il n'a voulu de ma reconnoiffance
Que ce Préfent qu'il vous a refervé.
Je viens, pour vous l'offrir, du Rivage où l'Aurore
Ouvre la Barrière du Jour.
Vous embrafez Roland d'un feu qui le dévore,
Mais qui peut voir la Beauté qu'il adore,
Voit fans étonnement l'excès de fon amour.

Triomphez , charmante Reine,
Triomphez des plus grands Cœurs.

F

Ce n'eſt qu'aux plus fameux Vainqueurs
Qu'il eſt permis de porter vôtre chaîne.
Triomphez , charmante Reine,
Triomphez des plus grands Cœurs.

Le Chœur des Inſulaires chante ces derniers Vers dans le temps que Ziliante préſente le Braſſelet à Angelique , & les autres Inſulaires danſent à la manière de leurs Païs.

LE CHOEUR DES INSULAIRES.

Triomphez , charmante Reine ,
Triomphez des plus grands Cœurs.
Ce n'eſt qu'aux plus fameux Vainqueurs
Qu'il eſt permis de porter vôtre chaîne.
Triomphez , charmante Reine ,
Triomphez des plus grands Cœurs.

On danſe.

FIN DU PREMIER ACTE.

ACTE SECOND.

*Le Théâtre repréſente la Fontaine enchantée de l'Amour,
au milieu d'une Forêt.*

SCENE PREMIERE.

ANGELIQUE, TEMIRE, *Suite d'Angelique.*

TEMIRE.

UN charme dangereux dans ces Bois vous attire,
  Il faut en détourner vos pas ;
L'Amour régne en ces lieux, évitez ſes appas ;
Heureux qui peut fuir ſon empire !

ANGELIQUE.

Je porte au fond du cœur mon funeſte martyre.
Helas ! où puis-je aller ? où puis-je fuir, helas !
      Où l'Amour ne me ſuive pas ?
Ah ! j'ay banny Medor, ma triſteſſe eſt mortelle,
Que ne le preſſois-tu de me déſobéïr ?

TEMIRE.

Je devois vous être fidelle.

ANGELIQUE.

Pour empêcher ma mort, n'osois-tu me trahir ?
O fidélité trop cruelle !
Le trouble de mon cœur ne peut plus se calmer ;
Non, je n'espère plus de remède à mes peines.
Merlin, dans ces Forêts enchanta deux Fontaines
Dont l'une fait haïr, & l'autre fait aimer.
C'est la Fontaine de la haine
Que je veux chercher en ce jour ;
Helas ! que me sert-il de prendre un long détour !
Je m'égare en ces bois, & ma recherche est vaine :
Toûjours un sort fatal malgré-moy me ramène
A la Fontaine de l'Amour.

TEMIRE.

Vous devez vous guérir du mal qui vous posséde,
N'ayez rien à vous reprocher.
Vous en trouverez le remède
Si vous le voulez bien chercher.

ANGELIQUE.

Non, je ne cherche plus la Fontaine terrible
Qui fait d'un tendre amour une haine inflexible ;
C'est un secours cruel, je n'y puis recourir.
Je haïrois Medor ! non, il n'est pas possible ;
Par ce remede affreux je ne veux point guérir,
Je consens plûtôt à mourir.

Quelqu'un vient, c'est Roland.

TEMIRE.

TEMIRE.

    Ce Guerrier invincible
Abandonne tout pour vous voir.

ANGELIQUE.

  Il se flate d'un vain espoir.
Cet Anneau, quand je veux, peut me rendre invisible.

Angelique met dans sa bouche un Anneau, dont la puissance magique la rend invisible.

SCENE II.

ROLAND, ANGELIQUE, *devenuë invisible,* TEMIRE, *Suite d'Angelique.*

ROLAND.

BElle Angelique, enfin, je vous trouve en ces lieux.
Ciel ! quel enchantement vous dérobe à mes yeux !
  Angelique, charmante Reine.
Mes cris font vainement retentir ces forêts.
  Angelique, Ingrate, Inhumaine,
Quel plaisir trouvez-vous dans mes tristes regrets ?
  Angelique, Ingrate, Inhumaine,
Quel barbare plaisir trouvez-vous dans ma peine ?

    Roland parle à Temire.

  Quelle cruauté ! quel mépris !
Tu sçais ce que j'ay fait pour elle,

Tu connois mon amour fidelle ,
Et tu vois quel en eſt le prix.
Quelle cruauté ! quel mépris *!*

T E M I R E.

Peut-on vous mépriſer ſans crime ?
La Valeur vous a fait un mérite éclatant.
Si vous n'aviez jamais voulu que de l'eſtime ,
    Quel Mortel ſeroit plus content ?

R O L A N D.

Que devient ma vertu ? ma force eſt inutile.
    Eh ! que me ſert-il aujourd'huy
D'avoir les Dons du Ciel qu'eût autrefois Achille ?
    Je laiſſe mon Roy ſans appuy.
Il n'a plus déſormais que Paris pour azile ;
Les cruels Afriquains vont triompher de luy.
Je vois le ſort affreux de ma triſte Patrie ;
Elle eſt prête à tomber ſous de barbares loix :
    J'entends ſa gémiſſante voix :
    Mais c'eſt vainement qu'elle crie ,
Un malheureux amour m'enchante dans ces Bois.

    Angelique ; en vain je l'appelle ;
    Elle eſt ſans pitié la Cruelle ,
    Eh ! pourquoy tant ſouffrir *?* pourquoy
    N'aurai-je pas pitié de moy ?
C'en eſt fait , & je veux que l'Ingrate le ſçache :
C'en eſt fait , pour jamais, mes liens ſont rompus ;
    Non , je ne la chercheray plus ,
    C'eſt vainement qu'elle ſe cache.
Non , je ne veux plus voir ſa fatale Beauté ,

Il ne m'en a que trop coûté.

Le Dépit éteint ma flâme :
Heureuse la cruauté
Qui rend la paix à mon ame !
Heureuse la cruauté
Qui me rend la liberté !

Malheureux ! je me flate, & ma colère est vaine.
Lâche ! ne puis-je rompre une honteuse chaîne ?
Que je sens de troubles secrets !
Mon cœur suit malgré-moy de funestes attraits,
Je céde au charme qui m'entraîne.

Angelique, Ingrate, Inhumaine,
Quel plaisir trouvez-vous dans mes tristes regrets ?
Angelique, Ingrate, Inhumaine,
Quel barbare plaisir trouvez-vous dans ma peine ?

Angelique voyant Roland éloigné, ôte son Anneau magique de sa bouche, & se montre à Temire.

SCENE III.

ANGELIQUE, TEMIRE.

TEMIRE.

Ou dois-je aller ? . . . . je vous revoy.

ANGELIQUE.

Je ne me cache pas pour toy.

TEMIRE.

Roland vous cherche en vain dans ce lieu solitaire.

ANGELIQUE.

Mon cœur est engagé , Roland ne peut me plaire ,
    Quel espoir luy pourrois-je offrir ?
Je le fuis par pitié, je ne sçaurois mieux faire
    Que de l'aider à se guérir.
Où peut être Medor ? le désespoir le presse.
    Que ne puis-je le retrouver !
    Au moins j'y veux songer sans cesse.

TEMIRE.

Vôtre cœur pour Roland devoit se réserver . . . .

ANGELIQUE.

Parle-moy de Medor , ou laisse-moy rêver.
    C'est l'Amour qui prend soin luy-même
    D'embellir ces aimables Lieux ;
    Mais je n'y vois pas ce que j'aime,
    Rien n'y sçauroit plaire à mes yeux.

SCENE IV.

SCENE IV.

MEDOR, ANGELIQUE, TEMIRE.

MEDOR.

AGréables Retraites,
L'Amour qui vous a faites
Vous deftine aux Amans contens.
Je trouble vos douceurs fecrètes ;
Mais dans mon défefpoir, mes plaintes indifcrètes
Ne vous troubleront pas long-temps.

ANGELIQUE.

C'eft Medor que je viens d'entendre !
Ciel !

TEMIRE, *voulant arrêter Angelique.*

Quoi, vous le verrez ?

ANGELIQUE.

Eh ! puis-je m'en défendre ?
C'eft trop fuivre un cruel Devoir ;
Je retrouve Medor, l'Amour veut me le rendre,
Je ne puis vivre fans le voir.

MEDOR.

Fontaine qui d'une eau fi pure
Arrofez ces brillantes fleurs,

H

En vain vôtre charmant murmure
Flate le tourment que j'endure.
Rien ne peut enchanter mes mortelles douleurs.
Ce que j'aime me fuit, & je fuis tout le monde :
Pourquoi traîner plus loin ma vie & mes malheurs ?
Ruisseaux , je vais mêler mon sang avec vôtre onde,
C'est trop peu d'y mêler mes pleurs.

Medor tire son épée pour s'en fraper , & Angelique l'arrête.

A N G E L I Q U E.

Vivez , Medor.

M E D O R.

Reine adorable ,
Vous avez trop de soin des jours d'un Miserable.

A N G E L I Q U E.

Pourquoi courez-vous au trépas ?

M E D O R.

C'est un suplice insuportable
De vivre & de ne vous voir pas.

A N G E L I Q U E.

Je croyois que sur vous j'avois plus de puissance.

M E D O R.

Hélas ! si vous pouviez sçavoir
Jusqu'à quel point je vous offense...

ANGELIQUE.

Rien ne m'offenſe tant que vôtre déſeſpoir.

MEDOR.

Je vivray, ſi c'eſt vôtre envie ;
Je vous vois, mon ſort eſt trop doux :
Mais s'il faut m'éloigner de vous,
Je ne réponds pas de ma vie.

ANGELIQUE.

Prenez ſoin de vos jours, Medor, vous le devez ;
Il m'en coûte aſſés cher de les avoir ſauvés :
Ils me ſont précieux, je vous l'ay fait connoître.

MEDOR.

Généreuſe Reine, achevez,
Sans vous puis-je vivre ?

ANGELIQUE.

             Vivez
A quelque prix que ce puiſſe être.

MEDOR.

O Ciel ! qu'entens-je !

ANGELIQUE.

          Il n'eſt plus tems
Que nous craignions tous deux de nous en trop
apprendre :

Nous n'en difons que trop, Medor, je vous entends,
    Et je vous permets de m'entendre.

M E D O R.

A vos pieds...

A N G E L I Q U E.

Levez-vous, j'ay droit de faire un Roy.
    Je veux unir fous une même loy
      Vôtre deftinée & la mienne.

M E D O R.

Ah ! plus vous oubliez vôtre grandeur pour moy,
    Plus il faut que je m'en fouvienne.

A N G E L I Q U E.

    Ma gloire murmure en ce jour,
Je vois mon fort trop au-deffus du vôtre :
    Mais qui peut empêcher l'Amour
D'unir deux cœurs qu'il a faits l'un pour l'autre ?

M E D O R.

Témoins du défefpoir dont mon cœur fut preffé,
    Lieux où la mort fut mon unique attente,
    Qui l'auroit dit ! qui l'eût jamais penfé
Que vous feriez témoins du bonheur qui m'enchante !

SCENE V.

SCENE V.

L'AMOUR, *Troupes d'Amours, de Sirènes, de Dieux des Eaux, de Nymphes & de Silvains, d'Amans & d'Amantes enchantées.*

CHOEUR DES AMOURS, *qui font autour de la Fontaine.*

Aimez, aimez-vous.

ANGELIQUE, MEDOR, *& les Chœurs.*

Aimons, aimons-nous.

CHOEUR DES AMOURS.

L'Amour vous appelle.
Que sa flâme est belle !
L'Amour vous appelle tous.
Aimez, Aimez-vous.

ANGELIQUE, MEDOR, *& les Chœurs.*

L'Amour nous appelle,
Que sa flâme est belle !

I

L'Amour nous appelle tous.
Aimons, aimons-nous.

On danse.

D E U X   A M A N T E S enchantées.

Qui goûte de ces Eaux, ne peut plus se défendre
    De suivre d'amoureuses loix :
    Goûtons-en, mille & mille fois ;
Quand on prend de l'Amour, on n'en sçauroit trop
prendre.

Le petit Chœur.

Que pour jamais un nœud charmant nous lie.

Le grand Chœur.

Tendres Amours,
Enchantez-nous toûjours.
Triste Raison, nous fuyons ton secours.

Le petit Chœur.

O douce vie,
Digne d'envie !

Le grand Chœur.

O jours heureux, que l'on vous trouve courts !

Le petit Chœur.

Sans rien aimer comment peut-on vivre ?

Le grand Chœur.

Que de Plaifirs , que de Jeux vont nous fuivre !

Le petit Chœur.

Tendres Amours ,
Enchantez-nous toûjours.
Fermons nos cœurs à des flâmes nouvelles.

Le grand Chœur.

Gardons-nous bien d'éteindre un feu fi beau.

Le petit Chœur.

Vivons heureux dans des chaînes fi belles.

Le grand Chœur.

Portons nos fers jufques dans le Tombeau.

Le petit Chœur.

O douce vie ,
Digne d'envie !

Le grand Chœur.

Tendres Amours .
Enchantez-nous toûjours.

Les Amants enchantés, & les Amantes enchantées, accompagnent en danſant, Medor & Angelique; l'Amour & les Amours volent & leur ſervent de guides.

FIN DU SECOND ACTE.

ACTE

ACTE TROISIE'ME.

Le Théâtre repréfente un Port de Mer.

SCENE PREMIERE.
MEDOR , TEMIRE.

MEDOR.

On , je n'entends vos Confeils qu'avec peine,
Pour nuire à mon Amour , vous avez tout
   tenté.

TEMIRE.

Vos jours font en péril , ils font chers à ma Reine,
 Ne doutez point de ma fidélité.
Roland eft dans ces lieux, c'eft un Rival terrible,
  Et vôtre perte eft infailllible
Si vous vous expofez à fon fatal couroux.

MEDOR.

Un Malheureux doit voir le trépas fans allarmes.

K

T E M I R E.

Vôtre bonheur fera mille jaloux,
Une fière Beauté vous a rendu les armes,
Vos deux cœurs font unis , par les nœuds les plus
    doux.
            Ah ! fi la vie eft fans appas pour vous ,
                Pour qui peut-elle avoir des charmes :

                Regardez le glorieux fort
                Que la Reine avec vous partage.
Ses plus zélés Sujets l'attendoient dans ce Port ;
Avant que d'en partir, fon ordre les engage
                A vous rendre un pompeux hommage.
Comme leur Souverain, ils vont vous recevoir....

M E D O R.

La Reine m'a quitté, Roland eft avec elle.

T E M I R E.

Il la verra fière , & cruelle.

M E D O R.

N'importe, c'eft toûjours la voir,
    Mon inquiétude eft mortelle :
Eh ! ne craint-elle point Roland au défefpoir ?

T E M I R E.

Elle le craint pour vous , c'eft fon unique envie
De mettre en l'éloignant, vos jours en feureté.

M E D O R.

S'il faut que ma félicité

Par mon Rival me foit ravie,
            C'eft une cruauté
            D'avoir foin de ma vie.

TEMIRE.

De ces fombres chagrins, il faut vous délivrer.

MEDOR.

            Je n'ofois pas efpérer
            Le bien que l'Amour me donne ;
            Un fi grand bonheur m'étonne,
            Et j'ay peine à m'affûrer
            Qu'il puiffe long-temps durer.

TEMIRE.

            Retirons-nous, Roland s'avance.
S'il a de vôtre amour la moindre connoiffance,
            Rien ne vous pourra fecourir.

MEDOR.

Je le veux obferver, en dûffai-je périr.

Medor fe tient à l'écart, & écoute Roland & Angelique.

SCENE II.

ROLAND, ANGELIQUE.

ROLAND.

Faut-il encor que je vous aime ?
Je dois rougir de ma foiblesse extrême ;
Ingrate, vous en abusez :
Plus je vous sers, plus vous me méprisez :
Quel honte à mon cœur d'être encor si fidelle !
Pourquoy vous trouvai-je si belle ?
Non, avec tant d'attraits, si charmants & si doux,
Vous ne méritez pas, cruelle,
L'Amour que j'ay pour vous.

ANGELIQUE.

Je n'ay point perdu la mémoire
De ce que je vous dois.
Vous seriez délivré du trouble où je vous vois
Si vous aviez voulu me croire.
Vous le sçavez, c'est malgré moy
Qu'un si grand cœur s'obstine à languir sous ma
loy,
J'ay fait ce que j'ay pû pour le rendre à la Gloire.

ROLAND.

Ah ! je ne sçay que trop avec quelle rigueur
Vous punissez mon lâche Cœur ;

Vôtre

Vôtre mépris éclate, il n'eſt plus temps de feindre,
        Tous les déguiſemens ſont vains.
Je pardonne au mépris du reſte des Humains,
Je l'ay bien mérité, j'aurois tort de m'en plaindre.

J'abandonne ma Gloire, & la laiſſe ternir,
        Je chéris le trait qui me bleſſe;
De mon égarement je ne puis revenir;
        Mais vous cauſez ma foibleſſe,
        Eſt-ce à vous de m'en punir?

A N G E L I Q U E.

Hélas!

R O L A N D.

Dans ce ſoûpir quelle part puis-je prendre?
        Peut-être un ſoûpir ſi tendre
        S'adreſſe à quelqu'autre Amant:
        Me le faites-vous entendre
        Pour rédoubler mon tourment?
        Inhumaine! ah s'il eſt poſſible
Qu'au mépris d'un Amour qui n'eût jamais d'égal,
Pour un autre que moy vous deveniez ſenſible,
        Tremblez pour mon heureux Rival.
Dans vos yeux inquiets je lis mon infortune.
        Ma preſence vous importune?
        Vous ne ſongez qu'à me quitter?

A N G E L I Q U E.

Si je voulois vous fuir, qui pourroit m'arrêter?
        Je vous ay déja fait connoître

L

Qu'il m'eſt aiſé de diſparoître
Aux regards importuns que je veux éviter.

R O L A N D.

Ah ! du moins , laiſſez-moy le ſeul bien qui me reſte;
Laiſſez-moy la douceur funeſte
De voir de ſi charmans appas.
C'eſt ſans eſpoir que je ſuivray vos pas.
Vous ne ſerez jamais à mes vœux favorable ,
Je vous verray toûjours impitoyable ,
Mais le plus grand des maux eſt de ne vous voir pas.

A N G E L I Q U E.

Que ne puis-je vous fuir encore ?

R O L A N D.

Pourquoy craindre qui vous adore ?

A N G E L I Q U E.

Hélas ! pourquoy m'aimez-vous tant ?
Un Héros indomptable
N'eſt que trop redoutable
Avec un amour ſi conſtant.

R O L A N D.

Ciel ! ô Ciel ! c'eſt pour moy qu'Angelique ſoûpire !

A N G E L I Q U E.

Vous me contraignez d'en trop dire.

R O L A N D.

Vous m'aimez !

A N G E L I Q U E.

Je ne puis l'avoüer qu'à regret.
Vôtre conftance eft triomphante,
N'en faites point un éclat indifcret,
Epargnez ma fierté mourante.
Contentez-vous d'un triomphe fecret.

R O L A N D.

En des lieux écartés, dans une paix profonde,
Allons joüir du fort qui va combler nos vœux.
Que deux cœurs unis font heureux
D'oublier le refte du Monde.

A N G E L I Q U E.

Laiffez-moy renvoyer les Peuples empreffés,
Dont nous ferions embarraffés;
Attendez-moy plus loin, j'iray par tout vous fuivre.
C'eft pour vous feul que je veux vivre.

SCENE III.

ANGELIQUE, MEDOR, TEMIRE.

MEDOR.

AH ! je souffre un tourment plus cruel que la
　　mort !

TEMIRE.

Où voulez-vous aller ? que pouvez - vous pretendre ?

ANGELIQUE.

Laisse-moy calmer son transport,
Vois si Roland ne peut point nous entendre.

Temire va du côté où Roland est passé.

SCENE IV.

ANGELIQUE, MEDOR.

MEDOR.

SE peut-il qu'à ses vœux vous ayez répondu ?

ANGELIQUE.

Voulez - vous m'offencer quand vous devez me
　　plaindre ?
Pour éblouïr Roland, je suis réduite à feindre ;

Il le faut éloigner , ou vous êtes perdu.

MEDOR.

Vous le fuivrez ? non , non , que plûtôt je périſſe.

ANGELIQUE.

Hélas ! tout le pouvoir humain
Contre luy s'armeroit en vain ,
Ne nous armons que d'artifice.
Medor , je tremble pour vos jours ,
Ils ſont dans un péril extrême :
   A quoy n'a-t-on pas recours
   Pour ſauver ce que l'on aime ?

MEDOR.

   Roland va m'ôter
   L'Objet que j'adore ,
   Qu'ai-je à redouter
   Que de vivre encore ?

ANGELIQUE.

C'eſt à vous que mon cœur pour jamais s'eſt donné ;
Je ne rendrai Roland que trop infortuné ;
L'Amour luy vendra cher une vaine eſpérance.
Je puis par cét Anneau diſparoître à ſes yeux ;
Bien-tôt , vous me verrez ; bien-tôt , loin des ces
   lieux ,
Nos fidelles amours ſeront en aſſûrance ,
Je veux mettre en vos mains ma ſuprême Puiſ-
ſance.

M

ROLAND,

ENSEMBLE.

Je ne veux que vôtre cœur,
C'eſt l'unique Empire
Pour qui je ſoûpire,
Je ne veux que vôtre cœur,
C'eſt aſſés pour mon bonheur.

MEDOR.

Vous me quittez, & je demeure
Troublé du chagrin le plus noir:
Ma vie eſt attachée au plaiſir de vous voir;
Ne vaut-t'il pas mieux que je meure
Par la main de Roland que par mon déſeſpoir?

ANGELIQUE.

Vivez pour moy, qu'il vous ſouvienne
Que vôtre deſtinée eſt unie à la mienne,
Ma mort ſuivroit vôtre trépas:
Evitons un deſtin tragique;
Medor ne veut-il pas
Vivre pour Angelique?

MEDOR.

Si je ne vivois pas pour vous,
Je ne pourrois ſouffrir la vie.

ANGELIQUE.

Vivons, l'Amour nous y convie,
Reſervons-nous
Pour nous aimer malgré l'Envie;

Refervons-nous
Pour vivre heureux loin des Jaloux.
Je ne pourrois fouffrir la vie,
Si je ne vivois pas pour vous.

MEDOR.

Vivons, l'Amour nous y convie,
Refervons-nous
Pour un amour fi doux.

ENSEMBLE.

Vivons, l'Amour nous y convie,
Refervons-nous
Pour un amour fi doux.

SCENE V.

ANGELIQUE, MEDOR, *Troupe de Peuples
de Gatay. Sujets d'Angelique.*

ANGELIQUE, parlant à fes Sujets.

Vous qui voulez faire paroître
Le zéle ardent que vous avez pour moy,
Reconnoiffez Medor pour vôtre Maître,
Rendez hommage à vôtre Roy.

*Angelique va retrouver Roland, pour l'éloigner du Port où elle veut
venir s'embarquer avec Medor.*

SCENE VI.

Les Peuples de Catay, Sujets d'Angeliqne, rendent hommage à Medor; ils l'élevent sur un Trône, & témoignent la joye qu'ils ont de le reconnoître pour leur Souverain.　　　　　*On danse.*

LE CHOEUR.

C'Eſt Medor qu'une Reine ſi belle
A choiſi pour régner avec elle.
Eſt-il un mortel aujourd'huy
Plus heureux que luy ?
Ses Rivaux n'ont plus rien à prétendre,
Que de plaintes ſe vont faire entendre !
Au prémier bruit d'un choix ſi doux
Que de Rois ſeront jaloux !
Nous venons tous
Vous préſenter nôtre hommage ;
Régner ſur nous
Eſt vôtre moindre avantage.
L'Amour donne un bonheur qui vaut mieux mille fois
Que la pompe qui ſuit les plus ſuperbes Rois.

FIN DU TROISIE'ME ACTE.

ACTE

ACTE QUATRIÉME.

Le Théâtre repréſente une Grotte au milieu d'un Bocage.

SCENE PREMIERE.
ROLAND, ASTOLFE.

ROLAND.

VA, ton ſoin m'importune, Aſtolfe, laiſſe-moy.

ASTOLFE.

Quel charme vous retient dans ce lieu ſolitaire ?

ROLAND.

Amy, je n'ay point pour toy
De ſecret, ni de myſtère.
Angelique ne me fuit plus.
J'étois content de voir ſa rigueur adoucie,
Quand nous avons trouvé le Roy de Circaſſie,
Et le ſuperbe Ferragus.
Tous deux jaloux de mon bonheur extrême,
M'ont abordé les armes à la main :

N

J'allois les en punir : mais la Beauté que j'aime
Par son Anneau magique a disparu soudain.
    Mes Rivaux l'ont suivie en vain.
    Elle avoit eû soin de m'aprendre
    Le chemin qu'elle vouloit prendre.
Nous nous sommes promis d'être à la fin du jour
    A la fontaine de l'Amour ;
    Je suis venu trop tôt m'y rendre :
Je vais au devant d'elle, ennuyé de l'attendre,
    Je parcours les lieux d'alentour.

    L'Objet qui m'enchante
    Ne m'a jamais tant charmé :
    Que l'Amour s'augmente ,
    Par le plaisir d'être aimé.

ASTOLFE.

Cet Empire en vous seul a mis son espérance :
    Si vous ne prenez sa déffense ,
    Il tombera dans peu de temps
    Sous une barbare Puissance.
Songez que vous perdez de précieux instants.

ROLAND.

Je songe au bonheur que j'attends.

ASTOLFE.

Venez couronner vôtre Tête
Du Laurier immortel qui vous est présenté.

ROLAND.

Je vois l'Amour qui s'apprête

A combler ma felicité ;
Je vais joüir de la conquête
D'un cœur qui m'a tant coûté.

ASTOLFE.

Le grand Cœur de Roland n'eſt fait que pour la
Gloire.
Peut-il languir dans un honteux repos ?
Triomphez de l'Amour ; il n'eſt point de victoire
Qui montre mieux la Vertu d'un Héros.

ROLAND.

Lorſque des rigueurs inhumaines
Ont payé mon amour d'un ſi cruel tourment,
Je n'ay pû ſortir de mes chaînes :
Puis-je me dégager d'un lien ſi charmant,
Quand je touche à l'heureux moment
Où je dois recevoir le prix de tant de peines ?

Va, laiſſe-moy ſeul dans ces lieux,
Angelique pour moy ſenſible,
Veut pour tout autre être inviſible ;
Va, ne l'empêche point de paroître à mes yeux.

Aſtolfe ſe retire , & Roland cherche Angelique.

S C E N E I I.

R O L A N D.

AH ! j'attendray long-temps *!* la Nuit eſt loin
 encore.
  Quoy , le Soleil veut-il luire toûjours ?
Jaloux de mon bonheur , il prolonge ſon cours ,
  Pour retarder la Beauté que j'adore.

O Nuit , favoriſez mes deſirs amoureux.
Preſſez l'Aſtre du jour de deſcendre dans l'Onde ;
Dépliez dans les airs vos voiles ténébreux :
Je ne troubleray plus par mes cris douloureux
   Vôtre tranquillité profonde :
   Le charmant Objet de mes vœux
   N'attend que vous pour rendre heureux
   Le plus fidelle Amant du monde ;
O Nuit , favoriſez mes deſirs amoureux.

Que ces Gazons ſont verts ! que cette Grotte eſt
 belle ?

   Roland lit tout bas des vers écrits ſur la Grotte.

Ce que je lis m'apprend que l'Amour a conduit
   Dans ce bocage , loin du bruit ,
Deux Amants qui brûloient d'une ardeur mutuelle.
J'eſpere qu'avec moy l'Amour bien-tôt icy
   Conduira la Beauté que j'aime.
   Enchantez d'une bonheur extrême ,
Sur ces Grottes bien-tôt nous écrirons auſſi :

         Roland

Il repete tout haut ce qu'il a lû tout bas.

Beau Lieu , doux Azile
De nos heureuſes amours ,
Puiſſiez-vous être toûjours
Charmant & tranquille.

Voyons tout.... qu'eſt-ce que je vois ?
Ces mots ſemblent tracés de la main d'Angelique ....

Il lit tout bas deux vers qu'Angelique a écrits.

Ciel ! c'eſt pour un autre que moy
Que ſon amour s'explique.

Il repete tout haut ce qu'il a lû tout bas.

Angelique engage ſon cœur ?
Medor en eſt vainqueur !

Elle m'auroit flatté d'une vaine eſpérance ?
L'ingrate !... N'eſt-ce point un ſoupçon qui l'offence ?
Medor en eſt vainqueur ! non , je n'ay point encor
Entendu parler de Medor.
Mon amour auroit lieu de prendre des allarmes ,.
Si je trouvois icy le nom
De l'intrépide Fils d'Aymon ,
Ou d'un autre Guerrier célébre par les armes.
Angelique n'a pas oſé
Avoüer de ſon Cœur le véritable Maître
Et je puis aiſément connoître ,
Qu'elle parle de moy ſous un nom ſuppoſé.
C'eſt pour moy ſeul qu'elle ſoûpire ,
Elle me l'a trop dit & j'en ſuis trop certain.
Liſons ces autres mots ; ils ſont d'une autre main ....

O

ROLAND,

Il lit deux vers que Medor a écrits.

Qu'ai-je lû ?… Ciel !… Il faut relire….

Il repete tout haut ce qu'il a lû tout bas.

Que Medor est heureux !
Angelique a comblé ses vœux.

Ce Medor, quel qu'il soit, se donne icy la gloire
D'être l'heureux vainqueur d'un Objet si charmant.
Angelique a comblé les vœux d'un autre Amant !
Elle a pû me trahir !… Non, je ne le puis croire.
Non, non, quelqu'Envieux a voulu par ces mots
Noircir l'Objet que j'aime, & troubler mon repos.

On entend un bruit de Musettes, & il continuë.

J'entends un bruit de Musique Champêtre.
Il faut chercher Angelique en ces lieux.
Au prémier regard de ses yeux
Mes noirs soupçons vont disparoître.
Elle s'arrêtera, peut-être,
A voir danser au son des Chalumeaux
Les Bergers des prochains Hameaux.

On danse.

SCENE III.

CORIDON, BELISE, *qui doivent être mariés le lendemain ; Troupe de Bergers & de Bergères qui prenent part à leur joye.*

Roland va chercher Angelique.

CHOEUR.

QUand on vient dans ce Bocage,
Peut-on s'empêcher d'aimer ?
Que l'Amour sous cét ombrage
Sçait bien-tôt nous désarmer !
Sans effort il nous engage
Dans les nœuds qu'il veut former.
Quand on vient dans ce Bocage,
Peut-on s'empêcher d'aimer ?
Que d'Oiseaux sur ce feüillage !
Que leur chant nous doit charmer.
Nuit & jour par leur ramage
Leur amour veut s'exprimer.
Quand on vient dans ce Bocage,
Peut-on s'empêcher d'aimer ?

On danse.

CORIDON.

J'aimeray toûjours ma Bergère.

BELISE.

J'aimeray toûjours mon Berger.

CORIDON.

Mon amour eft fincère,
J'aimeray toûjours ma Bergère.

BELISE.

Mon Cœur ne peut changer,
J'aimeray toûjours mon Berger.

CORIDON & BELISE.

Mon amour eft fincère,
Mon Cœur ne peut changer.

CORIDON.

J'aimeray toûjours ma Bergère.

BELISE.

J'aimeray toûjours mon Berger.

SCENE IV.

ROLAND, CORIDON, BELISE.
Troupe de Bergers & de Bergères.

Roland n'ayant point trouvé Angelique, revient pour en demander des nouvelles aux Bergers.

CORIDON.

ANgelique eft Reyne, elle eft belle,
Mais fes grandeurs ni fes appas

Ne me rendroient point infidelle,
Je ne quitterois pas
Ma Bergère pour elle.

BELISE.

Quand des riches Païs arrofés de la Seine
Le charmant Medor feroit Roy,
Quand il pourroit quitter Angelique pour moy
Et me faire une grande Reine,
Non, je ne voudrois pas encor
Quitter mon Berger pour Medor.

ROLAND.

Que dites-vous icy de Medor, d'Angelique?

CORIDON.

Ce font d'heureux Amants dont l'hiftoire eft pu-
blique
Dans tous les Hameaux d'alentour.

BELISE.

Ils ont avec regret quitté ce beau féjour;
Ces Arbres, ces Rochers, cette Grotte ruftique,
Tout parle icy de leur amour.

ROLAND.

Ah! je fuccombe au tourment que j'endure.

CORIDON.

Repofez-vous fur ce lit de Verdure.

BELISE.

Vous paroiffez chagrin; écoutez à loifir

P

De ces heureux Amants l'agréable avanture,
   Vous l'entendrez avec plaisir.

*Roland accablé de douleur se jette sur un Gazon, & écoute avec
inquietude ce que Coridon & Belise luy racontent.*

C O R I D O N.

En des lieux où Medor mouroit, sans assistance
   Angelique adressa ses pas.
Elle sçût se servir d'un Art dont la puissance
   Garantît Medor du trépas.

B E L I S E.

D'un grand Empire Angelique est Maîtresse
   Elle est charmante, elle avoit à son choix
      Cent des plus riches Roys ;
   Medor est sans biens, sans noblesse ;
Mais Medor est si beau qu'elle l'a préféré
A cent Rois qui pour elle ont en vain soûpiré.

C O R I D O N.

   On ne peut s'aimer davantage,
   Jamais bonheur ne fût plus doux.

B E L I S E.

   Ils se sont donné devant nous
   La foy de Mariage.

C O R I D O N.

Quand le festin fût prêt, il fallût les chercher ;

B E L I S E.

Ils étoient enchantés dans ces belles Retraites.

CORIDON.

On eût peine à les arracher
De l'endroit charmant où vous êtes.

ROLAND, se levant avec précipitation.

Où suis-je ? juste Ciel ! où suis-je malheureux ?

BELISE.

Demeurez, & voyez nos danses & nos jeux.

CORIDON.

On m'a promis cette belle Bergère ;
Honorez nôtre Nôce, on la fera demain.

ROLAND.

Où vont-ils ces Amants ?

BELISE.

     Ils ont prié mon Pere
De les conduire au Port le plus prochain.
Le voicy. Demeurez, si vous me voulez croire,
Vous apprendrez de luy le reste de l'histoire.

SCENE V.

TERSANDRE, ROLAND, CORIDON, BELISE, LE CHŒUR.

TERSANDRE.

ALlez, laiſſez-nous, Soins fâcheux,
Eloignez-vous de nos paiſibles Jeux.
Nous poſſédons un bien ineſtimable
Qui comblera nos vœux;
Laiſſez couler nos Jours heureux
Dans un loiſir doux & durable.
Allez, laiſſez-nous, Soins fâcheux,
Eloignez-vous de nos paiſibles Jeux.

CORIDON, BELISE, & le Chœur.

Allez, laiſlez-nous, Soins fâcheux,
Eloignez-vous de nos paiſibles Jeux.

TERSANDRE.

J'ay vû partir du Port cette Reine ſi belle...

ROLAND.

Angelique eſt partie!

TERSANDRE.

Et Medor avec elle.

Elle

Elle en fait un grand Roy , c'eſt ſon unique ſoin.

ROLAND.

Ils ſont partis enſemble !

TERSANDRE.

                    Ils ſont déja bien loin.
Dans les Climats les plus heureux du Monde
Ils vont en paix goûter mille plaiſirs.
        Juſqu'au vent qui régne ſur l'Onde
        Tout favoriſe leurs deſirs.

ROLAND à part.

Ils ſe ſont dérobés tous deux à ma vengeance !

TERSANDRE, parlant à Coridon & à Beliſe.

Angelique a voulu paſſer nôtre eſpérance.
Voyez ce Braſſelet.

ROLAND, regardant le Braſſelet.

                Que vois-je Infortuné !
J'ay fait mettre en ſes mains ce prix de mon Courage ;
De mon fidelle amour c'eſt un précieux gage.

TERSANDRE.

Pour le prix de nos ſoins elle nous l'a donné.

ROLAND.

Ciel !

CORIDON & BELISE.

O Ciel !

TERSANDRE.

J'ay reçû ce Don de fa main même ;
Nous fumes les témoins de fon bonheur extrême
Elle a voulu nous rendre heureux.

ROLAND.

Ciel ! puis-je être accablé par un coup plus affreux !

TERSANDRE.

Mais quel eft ce Guerrier ? aifément on dévine
Qu'il fort d'une illuftre origine.

CORIDON.

Nous l'avons trouvé dans ces lieux.

BELISE.

Le trouble de fon Cœur fe montre dans fes yeux.

CORIDON.

Il s'agite.

BELISE.

Il menace.

CORIDON.

Il pâlit

BELISE.

Il foûpire.

TERSANDRE.

Son Cœur fouffre peut-être un amoureux martire,
Je fuis touché de fes douleurs.

BELISE.

Quels terribles regards !

ROLAND.

La Perfide !

TERSANDRE.

Il murmure.

CORIDON.

Il frémit.

BELISE.

Il répand des pleurs.

ROLAND.

Tant de ferments ! ah la Parjure !

TERSANDRE.

Ne l'abandonnons pas dans un chargrin fi noir.

ROLAND.

Elle rit de mon défefpoir.
Je l'aimois d'une amour fi tendre, fi fidelle.

TERSANDRE.

Ses regards font plus doux.

CORIDON.

Il eft moins agité.

ROLAND.

J'ay crû vivre heureux avec elle,
Helas, quelle felicité !

T,ERSANDRE.

Non, je n'en doute point, c'eft l'Amour qui le bleffe.

BELISE.

L'Amour peut-il caufer cette fombre trifteffe ?
On a vû des Amants fi contents dans ces Bois.

TERSANDRE.
Qui fuit les amoureufes loix,
S'expofe à des maux redoutables.
Pour deux Amants heureux qu'Amour fait quel-
quefois,
Il en fait tous les jours plus de cent miférables.

CORIDON.
Son trouble eft appaifé.

TERSANDRE.
J'efpere qu'à la fin
Nous pourrons adoucir fon funefte chagrin.
Béniffons l'Amour d'Angelique,
Béniffons l'Amour de Medor.
Dans le riche féjour d'une Cour magnifique,
Puiffent-ils fur un Trône d'or
S'aimer comme ils s'aimoient dans ce féjour ruftique.

CORIDON, BELISE, & le Chœur.

Béniffons l'Amour d'Angelique
Béniffons l'Amour de Medor.

ROLAND.

Taifez-vous, Malheureux ; Oferez-vous fans ceffe
Percer mon trifte Cœur des plus horribles coups ?
Malheureux, taifez-vous.
Rendez grace à vôtre baffeffe
Qui vous dérobe à mon couroux.

TERSANDRE, CORIDON, BELISE,
& le Chœur.

Ah ! fuyons, fuyons tous.
SCENE

SCENE VI.

ROLAND.

JE suis trahi ! Ciel ! qui l'auroit pû croire !
O Ciel ! je suis trahi par l'Ingrate Beauté
    Pour qui l'Amour m'a fait trahir ma gloire.
    O doux espoir dont j'étois enchanté,
Dans quel abîme affreux m'as-tu précipité !

    Témoins d'une odieuse flâme
    Vous avez trop blessé mes yeux.
    Que tout ressente dans ces lieux
    L'horreur qui régne dans mon ame.

Roland brise les inscriptions, & arrache des branches d'Arbres, & des morceaux de Rochers.

Ah ! je suis descendu dans la Nuit du Tombeau !
    Faut-il encor que l'Amour me poursuive ?
    Ce Fer n'est plus qu'un vain fardeau
    Pour une Ombre plaintive.

Roland jette ses armes.

Quel Gouffre s'est ouvert ! qu'est-ce que j'aperçois !
    Quelle voix funebre s'écrie !
    Les Enfers arment contre moy
    Une impitoyable Furie.

R

Roland croit voir une Furie : il luí parle, & s'imagine qu'elle luí
répond.

Barbare ! ah ! tu me rends au jour ?
Que pretens-tu ? parle.... ô fuplice horrible !
Je dois montrer un exemple terrible
        Des tourments d'un funefte amour.

FIN DU QUATRIEME ACTE.

ACTE CINQUIE'ME.

Le Théâtre repréſente le Palais de la ſage Fée
Logiſtille.

SCENE PREMIERE.

ASTOLFE, LOGISTILLE.

ASTOLFE.

Age & divine Fée à qui tout eſt poſſible,
    Vous dont le généreux ſecours
    Pour les infortunés ſe déclare toûjours,
Au malheur de Roland ſerez-vous inſenſible ?

Ce Héros que l'Amour a rendu furieux,
    Traîne une déplorable vie :
    Son ſort qui fût ſi glorieux,
Fait autant de pitié qu'il avoit fait d'envie.

LOGISTILLE.

Vos juſtes vœux ſont prévenus ;

Déja par des chemins aux Mortels inconnus
J'ay fait paſſer Roland dans cet heureux Azile.
          Le charme d'un ſommeil tranquille
          Suſpend le mal de ce Héros ;
          Mais il eſt difficile
De luy rendre un parfait repos.

ASTOLFE.

Je ſçay vôtre pouvoir, il faut que tout luy céde.
Vôtre ſoin m'a ſauvé de cent périls affreux.
          N'offririez-vous qu'un vain reméde
          Au trouble fatal qui poſſéde
Le plus grand des Héros & le plus malheureux ?

LOGISTILLE.

Je puis des Elements interrompre la guerre,
          Ma voix fait trembler les Enfers.
          J'impoſe ſilence au Tonnerre,
          Et j'éteins le feu des Eclairs.
          Mais je calme avec moins de peine
          Les Vents échapés de leur chaîne,
Et j'appaiſe plûtôt l'Ocean irrité
          Qu'un Cœur par l'Amour agité.

ASTOLFE.

J'attens tout pour Roland de vos ſoins ſalutaires.

LOGISTILLE.

Nos efforts vont ſe redoubler :
Allez, éloignez-vous de nos ſecrets Miſtères,
          Vos regards pourroient les troubler.

Allez,

SCENE II.

LOGISTILLE, ROLAND *endormi ; Troupe de Fées.*

LOGISTILLE.

PAr le secours d'une douce harmonie,
Calmons ce grand Cœur pour jamais.
Rendons-luy sa prémière paix,
Puisse-t-elle chasser l'amour qui l'a bannie.
Heureux qui se deffend toûjours
Du charme fatal des Amours *!*

LE CHOEUR.
Heureux qui se deffend toûjours
Du charme fatal des Amours !

Les Feés dansent autour de Roland , & font des Cérémonies misterieuses,
pour lui rendre la raison.

LOGISTILLE.
Rendez à ce Héros vôtre clarté céleste,
Divine Raison, revenez.
Qu'un Cœur est malheureux quand vous l'abandonnez
Dans un égarement funeste.

LOGISTILLE ET LE CHOEUR.

Heureux qui se deffend toûjours
Du charme fatal des Amours *!*

On danse.

LOGISTILLE , en invoquant les Ombres des
anciens Héros.
O Vous, dont le Nom plein de gloire

S

Dans la Nuit du Trépas n'eſt point enſévely ;
Vous, dont la célébre mémoire
Triomphe pour jamais du Temps & de l'Oubly.
Venez, Héroïques Ombres,
Venez ſeconder nos efforts :
Sortez des Retraites ſombres
Du profond Empire des Morts.

Les Ombres des anciens Héros paroiſſent.

S C E N E I I I.

LOGISTILLE, *Troupes de Fées, & d'Ombres*
de Héros.

L O G I S T I L L E.

ROland, courez aux armes.
Que la Gloire a de charmes !
L'amour de ſes divins appas
Fait vivre au-delà du Trépas.

LOGISTILLE, ET LE CHOEUR
des Ombres des Héros.

Roland, courez aux armes.
Que la Gloire a de charmes !

Il s'éveille.

R O L A N D.

Quel ſecours vient me dégager
De ma fatale flâme ?
Ciel ! Sans horreur puis-je ſonger
Au déſordre où l'Amour avoit réduit mon ame !

Errant, Insensé, Furieux,
J'ay fait de ma foiblesse un spectacle odieux ;
Quel reproche à jamais ne dois-je point me faire ?
  Malheureux ! la Raison m'éclaire
  Pour offrir ma honte à mes yeux !
Que survivre à ma gloire est un suplice extrême !
Infortuné Roland, cherche un Antre écarté ;
  Va, s'il se peut, te cacher à toy-même
  Dans l'éternelle Obscurité.

LOGISTILLE, *arrêtant Roland.*

Modérez la tristesse
Qui saisit vôtre Cœur :
Quel Héros, quel Vainqueur
Est exempt de foiblesse ?

LE CHOEUR des Ombres des Héros.

Sortez pour jamais en ce jour
Des liens honteux de l'Amour.

LOGISTILLE.

Allez, suivez la Gloire.

ROLAND.

Allons, courons aux armes.

Que la Gloire a de charmes !

CHOEURS des Fées & des Ombres des Héros.

Roland, courez aux armes,
Que la Gloire a de charmes !

On danse.

SCENE DERNIERE.

LA GLOIRE, LA RENOMME'E, LA TERREUR, ROLAND, LOGISTILLE.

Suite de la Gloire, Troupe de Fées, Troupe d'Ombres de Héros.

LA GLOIRE.

ROland, il faut armer vôtre invincible bras.
La Terreur se prépare à dévancer vos pas;
Sauvez vôtre Païs d'une Guerre cruelle;
Ne suivez plus l'Amour, c'est un guide infidelle;
Non, n'oubliez jamais
Les maux que l'Amour vous a faits.

Roland reprend ses armes que les Fées & les Héros lui présentent.

LOGISTILLE ET LES CHOEURS.

La Gloire vous appelle,
Ne soûpirez plus que pour elle;
Non, n'oubliez jamais
Les maux que l'Amour vous a faits.

FIN.

PERMISSION.

VEU l'Arrest du Conseil, & le Privilége cedé à l'Académie Royale de Musique de Lyon; Défenses sont faites à tous Imprimeurs & Libraires, autres que celuy choisi par ladite Académie, d'imprimer, vendre, ni distribuer aucun Exemplaire de paroles d'Opera, à peine d'Amende, fixée par l'Arrêt du Conseil, & de confiscation desdits Opera. A Lyon ce 15. Mars 1739.

DE LA FRASSE DE SEYNAS.

www.ingramcontent.com/pod-product-compliance
Lightning Source LLC
LaVergne TN
LVHW022314170726
843503LV00006B/2507

* 9 7 8 2 3 2 9 6 8 6 0 7 3 *